AF461066

HOMELIE XXXIII.
POUR
LE SECOND
DIMANCHE
DE CARESME,
SUR LA CANANÉE.

Par M. le Curé de S. Sulpice de Paris.

A PARIS,
Chez RAYMOND MAZIERES, Libraire, ruë Saint Jacques, prés la ruë de la Parcheminerie, à la Providence.

M. DCCIX.
AVEC APPROBATION ET PRIVILEGE DU ROY.

TEXTE
DU
SAINT EVANGILE
SELON SAINT MATTHIEU.

EN ce temps-là, Jesus quittant ce lieu, se retira du côté de Tyr & de Sidon, & voicy qu'une femme Cananéene sortant des confins de ce pays-là, se mit à crier, luy disant: Seigneur Fils de David, ayez pitié de moy: Ma fille est miserablement tourmentée par le Démon: Mais il ne luy répondit rien. Ses Disciples s'approchant le prierent, disant: Accordez-luy ce qu'elle demande, parce qu'elle crie aprés nous. Il leur dit: Je ne suis envoyé qu'aux brebis de la maiſon d'Iſraël, leſquelles ont peri. Mais elle vint elle-même & l'adora, diſant: Seigneur, aſſiſtez moy. Il luy répondit: Il n'eſt pas juſte de prendre le pain des enfans, & de le donner aux chiens. Et elle repartit: Il eſt vray, Seigneur, mais les petits chiens mangent les miettes qui tombent de la table de leurs Maîtres. Alors Jeſus répondant, luy dit: O femme, votre foy eſt grande! qu'il vous ſoit fait comme vous voulez. Et ſa fille fut guérie à l'heure même. *Mat.* 15. 21. *Marc.* 8. 24.

HOMELIE
SUR
LA CANANÉE.

TROIS femmes celebres dans les Ecritures, mes tres chers Freres, la Cananée, la Samaritaine, & la Madeleine, nous representent admirablement, selon les Saints, la conversion de l'Infidele à la Foy; de l'Heretique à l'Eglise; & du Vicieux à la vertu: ce qui mérite bien trois instructions separées. Commençons par la premiere, dont l'Eglise nous proposa l'histoire édifiante Jeudy dernier, puisque d'ailleurs nous avons explique l'Evangile d'aujourd'hui plus d'une fois.

Personne n'ignore que dés le commencement

du monde le genre humain se partagea comme en deux familles differentes, dont l'une retint la connoissance du vrai Dieu, les devoirs de la Religion envers le Souverain Estre; & l'esperance d'un Liberateur : l'autre oublia son divin Auteur; se plongea dans toutes sortes de crimes, & adora les démons.

1°. Ces deux peuples commencerent à se distinguer plus clairement peu aprés le Deluge, en la personne des trois enfans de Noë, qui prophetisa l'égarement
Gen. 9. 27. du premier dans l'impieté; *Maledictus Chanaan, &c.* la perseverance du second dans la vraye Religion; *Benedictus Dominus Deus Sem.* Le retour heureux à la foy du troisiéme par sa réünion avec le second, par son zele pour la conversion du premier, & par sa préeminence au dessus des deux autres; *Dilatet Deus Japhet, & habitet in Tabernaculis Sem, sit Chanaan servus ejus*; caractérisant ainsi l'Idolatre, le Juif, & le Chrétien; *Proinde in duobus filiis duo populi,*
L. 12. contr. Faust. c. 23. *significati*, dit S. Augustin, & comme il ajoûte ailleurs, *Benedictis igitur duobus filiis Noë, atque uno in medio eorum maledicto, &c.*
L. 16. de Civ. Dei c. 2.

2°. Esaü & Jacob ayant montré leurs contrarietez
Gen. 25. 22. dés le sein de leur mere, *collidebantur in utero*: firent voir par leur naissance qu'ils viendroient successivement à la lumiere de la Foy, & que le puisné par sa Religion prévaudroit à l'aîné; *major serviet minori*: c'est-à-dire, le peuple Gentil converti au peuple
L. 4. c. 38. Juif, *Manifestum est partum Rebeccæ Prophetiam fuisse duorum populorum*, dit S. Irenée, & les autres saints Docteurs.

3°. Thamar enfantant Pharés & Zara ; Zara, d'où devoit ſortir un jour Jeſus-Chriſt, & qui figuroit le peuple Chrétien, fit le premier paroître la main, que la ſage-femme lia d'un cordon rouge, diſant celui-ci viendra le premier ; mais il retira incontinent la main ; & Pharés figure du peuple Juif naquit, puis Zara ; & cela au tems que le Gentil devenant Idolatre ſe ſepara du Juif fidele, & qu'ils commencerent à former deux peuples. En effet, le Gentil dans l'état de Nature paroît d'abord en la perſonne de quelques Juſtes, mettre ſon eſperance au Sang du Redempteur ; mais preſqu'auſſi-tôt il ſe retire dans le ſein obſcur de l'infidelité, emportant neanmoins avec luy le ſigne de ſon retour, & le gage de ſa redemption future : Le Juif naît enſuite, & croit le premier ; mais rebuté du myſtere de la Croix, dont il ne porte aucune marque, il eſt ſupplanté par le Gentil qui le ſuit, & qui revient avec ſon ancien droit d'aîneſſe, & ſa premiere confiance aux ſouffrances du Sauveur, *Poſtea egreſſus eſt frater ejus, in cujus manu erat coccinum.* Car voici comme S. Ambroiſe s'en explique : *Hic eſt Dominus cujus in Zara typus ante præceſſit... ut nos redimeret pretio Sanguinis ſui, cujus figura ideo in manu illius Zaræ præceſſit.*

Gen. 30. 38.

L. 3. *in Luc. n.* 29. *p.* 1319.

Icy il ne faut pas s'imaginer que toutes ces generations avec leurs circonſtances ne ſoient que des hiſtoires peu importantes, puiſqu'elles ſont des ombres prophetiques de la venuë d'un Sauveur, de notre retour à Dieu ; de notre vocation à la Foy ; de notre réünion au peuple fidele ; & de notre elevation à

la dignité d'enfans d'Abraham, suivant cette priere
Off. H. b 5. de l'Eglise: *Præsta ut in Abrahæ filios, & in Israëliticam dignitatem, totius mundi transeat plenitudo*: Aussi l'Apôtre, ajoûte S. Ambroise, nous a-t-il appris de
l. 3. in Luc n. 28. p. 1324. chercher la verité sous l'écorce de la lettre, *Quid autem haberet hæc historia gratiæ, nisi lucem tanti mysterii videremus? Docuit enim nos Apostolus in simplicitate historiæ secretum quærere veritatis, &c.*

4°. Jacob au lit de la mort, croisant les bras,
Gen. 48. 19. & mettant ses mains sur les enfans de Joseph; la droite sur le cadet, duquel devoit sortir Josuë, qui introduiroit le peuple de Dieu dans la Terre promise, & seroit une figure expresse du vrai Sauveur; & la gauche sur l'aîné, montra la preéminence du nouveau peuple sur l'ancien, étant entré le premier dans le Royaume de Dieu par sa promptitude à croire au Sauveur crucifié: *Frater minor, major erit.* Et devant faire voir combien la gloire de la regeneration spirituelle du Chrétien l'emporteroit sur la generation charnelle du Juif, dit S. Augustin; *Propheticè hoc faciendo Israël, quod Populus posterior per*
qq. sup. Gen. 166. *Christum futurus regeneratione spirituali, superaturus erat populum priorem, de carnali Patrum generatione gloriantem*, & par consequent avec quelle justice Jacob preferoit le nouveau Peuple à l'ancien, dit S. Ambroise: *Minorem filium in typo junioris populi credidit præferen-*
De Ben. PP. c. 20. *dum*, dequoy ses bras en croix representant le Sauveur crucifié, *Christum deformantes*, dit Tertullien,
De Bap. c. 8. furent une image sensible.

5°. Les deux Députez par Moïse pour visiter la Terre

Terre promiſe, rapportant ſur un levier la branche d'un cep de vigne, d'où pendoit une grape de raiſin d'une groſſeur extraordinaire, que repreſentent-ils encore, ſinon les deux peuples qui porteroient l'un aprés l'autre le joug de Jeſus Chriſt? Le premier, où le Juif precede, il le promet & le prédit, & cependant il luy tourne le dos quand il le voit ſuſpendu à la Croix : au lieu que celuy qui vient aprés, ou le Gentil, le contemple & l'adore : *Quomodo in medio duorum illorum uva exhibita legitur ; ita in medio duorum teſtamentorum Chriſtus Dominus evidenter agnoſcitur, &c.* dit S. Auguſtin. Serm. 100.

6°. Raab, femme infidele, reçoit chez elle les Envoyez de Joſuë preſt de paſſer le Jourdain, & d'entrer dans la Terre promiſe ; & attachant un ruban rouge à ſa fenêtre, elle ſe ſauve avec ſa famille du ſac de Jericho, & elle eſt agregée au peuple de Dieu, devenant par là une excellente image de l'Egliſe des Nations inſtruite par les Apôtres, & empourprée du Sang de Jeſus-Chriſt, dit Saint Ambroiſe, *Signa Fidei, atque vexilla Dominicæ Paſſionis attollens coccum in feneſtra ligavit, & Eccleſiam Gentium ſignificavit*, ajoûte ſaint Auguſtin. L. 5. de Fide c. 4. In Pſ. 83.

7°. Ruth, femme Moabite, peut bien eſtre jointe à Thamar, continue ſaint Ambroiſe, puiſque ſe mariant à Boos ayeul de David, elle s'unit par cette alliance au peuple de Dieu, & devint ainſi figure de l'Egliſe des Nations : *Si igitur Thamar cognovimus propter myſterium inter Dominicas generationes eſſe deſcriptam, Ruth quoque ſine dubio pari ratione minimè præ-* L. 3. in Luc n. 30. p. 14.

termißam æstimare debemus, de qua sensisse videtur Apostolus, cum alienarum vocationem Gentium spiritu previderet per Evangelium esse celebrandam.

8°. Bethsabée, femme étrangere, est du même ordre que les precedentes: Son commerce avec David fut un crime, mais il fut l'ombre d'un mystere, *umbra mysterii*, dit encore saint Ambroise: c'est-à-dire, une figure de l'alliance de Jesus-Christ avec la Gentilité, laquelle lavée & purifiée de ses taches & de ses rides, dans l'eau du Baptême, est devenuë la legitime Epouse du Roy des Nations: *Quid igitur obstat quominus etiam Bethsabee sancto David in figura sociata fuisse credatur, ut significaretur congregatio Nationum, &c. Lavacri justificante mysterio veri David, & Regis æterni, &c.*

l. 3. in Luc n. 38. p. 1328.

S. Amb Ap. Dav. c. 3. p.

Il ne faut donc pas s'étonner si dans la genealogie du Sauveur ces exemples sont rapportez, continuë le même Pere, puisque le saint Evangeliste a voulu qu'ils servissent de motif aux Gentils pour esperer leur agregation à l'Eglise: *Rectè igitur Sanctus Matthæus per Evangelium Gentes ad Ecclesiam vocaturus, authorem ipsum Dominum Gentilis congregationis, alienigenarum generationem secundum carnem assumpsisse memoravit, ut jam tunc esset indicium quod illa generatio ederet Gentium vocatorem, quem sequeremur omnes ex alienigenis congregati, &c.* & qu'on apprît, dit S. Augustin, qu'en approfondissant les Ecritures, on trouve que l'ancien Testament est revelé dans le Nouveau, & que le nouveau Testament est voilé dans l'Ancien: *Scrutando cognoscis, & Vetus Testamentum in Novo revela-*

l. 3. in Luc n. 33. p. 1326.

In ps. 105. fin.

tum, & in Veteri Novum velatum.

9°. Mais entre toutes les figures prophetiques du retour de la Gentilité à la connoiſſance du vrai Dieu, il n'y en a point de plus éclatante que celle de la Reine de Saba, qui vint des extrêmitez de la Terre, *venit ab extremis terræ*, pouſſée non par un vain deſir de voir la puiſſance & la gloire de Salomon, dont le bruit rempliſſoit l'Univers; mais guidée par une lumiere interieure, dit S. Auguſtin : *Nec illa regni ejus ſublimitate, ſed mentis luce commota eſt.* Voici ce que l'Ecriture en rapporte : La Reine de Saba ayant appris les merveilles que la Renommée publioit de Salomon, vint au nom du Seigneur luy propoſer diverſes queſtions enigmatiques, pour éprouver ſi ſa ſageſſe répondoit à ſa reputation : *Sed & Regina Saba auditâ famâ Salomonis, in nomine Domini venit tentare eum in enigmatibus.* Elle entra dans Jeruſalem avec une ſuperbe ſuite, des richeſſes immenſes, un magnifique équipage, & un grand nombre de chameaux chargez d'aromates, d'or à l'infini, & de pierres precieuſes : *Et ingreſſa Jeruſalem multo cum comitatu, & divitiis, camelis portantibus aromata, & aurum infinitum nimis, & gemmas pretioſas*; étant entrée en conference avec le Roy elle luy propoſa ſes emblêmes myſterieux; mais il n'y en eut aucun quelque obſcur qu'il fût dont il ne luy donnât l'explication, & ne luy developât les ſecrets. *Locuta eſt ei quæcunque erant in corde ſuo, & expoſuit ei Salomon omnia quæ propoſuerat, nec quicquam fuit quod non perſpicuum ei fuerit, &c. & docuit eam Salomon.* La Reine voyant toute cette ſageſſe de Salomon, le

Ser. 35. de temp. post med.

3. Reg. 10.

Ibid.

palais qu'il avoit bâti, les viandes qu'on servoit à sa table, les logemens de ses Officiers, la distribution de leurs emplois, leurs riches vêtemens, les Echansons & les holocaustes qu'il offroit dans le Temple du Seigneur, étoit comme ravie & hors d'elle-même; & s'adressant au Roy, elle lui dit ces paroles : Le recit qu'on m'avoit fait dans mes Etats de vous, de votre sagesse, & de vos discours etoit veritable; je ne pouvois ajoûter foy à ce qu'on m'en racontoit, jusqu'à ce qu'étant venuë moy-même, j'ay vû de mes yeux, & j'ay trouvé qu'on ne m'avoit pas rapporté la moitié de ce qui en étoit; votre gloire est plus grande que la renommée qui la publie, & ce qu'on en dit est au dessous de ce qui en est : heureux vos sujets; heureux vos domestiques; heureux ceux qui vous approchent; heureux ceux qui entendent les oracles qui sortent de votre bouche! Beni soit le Seigneur votre Dieu à qui vous avez plû, & qui vous a établi sur le trône d'Israël pour le bonheur de son Peuple, & pour en estre un Roy qui le gouverne avec autant de sagesse, de justice, & d'équité

Ser. 252. de temp. que vous le gouvernez. Voilà l'histoire, & tout ensemble la figure; voici la verité, selon saint Augustin.

Ser. 3. c. 737. Cette Reine est l'Eglise de la Gentilité, *ergo in figura Reginæ hujus Ecclesia venit ex Gentibus* : laquelle vient, non du midy seulement, *Regina Austri*, mais des extrêmitez de la terre, *ab extremis terræ* : expression qui marque la fin qu'elle doit mettre à ses convoitises terrestres, *venit ab extremis terræ, imponens finem cupiditatibus, vitiisque terrenis.*

Elle vient comme une humble diſciple entendre la ſageſſe du Precepteur des Nations, depoſer ſes erreurs, & s'inſtruire de la verité : *Venit Eccleſia ad Redemptorem & eruditorem ſuum, ut de ſtultitia erroris doctrinam perciperet veritatis.*

Elle vient aprés s'eſtre égarée un temps infini dans un labyrinthe de ſuperſtitions profanes, *Venit poſt veteres & prophanas ſuperſtitiones*, recouvrer les lumieres de la Foy ſur les veritez les plus capitales de la Religion, & les plus importantes au Salut; ſur le Jugement dernier; ſur l'immortalité de l'ame; ſur l'eſperance de la reſurrection ; ſur la gloire promiſe; *Venit poſt veteres & prophanas ſuperſtitiones audire & diſcere de Fidei illuminatione; de Judicio futuro; de animæ immortalitate, de ſpe reſurrectionis & gloriæ.*

Elle entre dans Jeruſalem avec une grande & nombreuſe ſuite, ne menant pas ſeulement avec elle, ainſi que la Synagogue, les ſeuls Hebreux, mais toutes les Tribus de la terre habitable : *Venit in Jeruſalem cum multo comitatu, id eſt non jam cum una tantum gente Judæorum, ſicut prius Synagoga ſolos habuit Hebræos, ſed totius mundi Gentibus diverſiſque Nationibus.*

Elle vient offrir au Roy pacifique des preſens dignes de luy, *venit ergo exhibens munera digna Chriſto*: L'or de la Foy; l'encens precieux de la pureté; les pierreries reſplendiſſantes des vertus : *Fidei aurum, puritatis incenſa pretioſa, ſplendores virtutum.*

Elle luy découvre les ſecrets de ſon cœur ; les playes de ſa conſcience; les égaremens de ſon eſprit ; elle luy confeſſe ſes crimes cachez, & luy en monſtre ſa douleur intime : *Aperuit ei cor suum, manifestavit ei occulta conscientiæ suæ in confessione & pœnitudine delictorum.*

Ces chameaux si difformes à voir, & si accablez sous tant de pesans fardeaux, que representent-ils, sinon ces peuples farouches & défigurez par leurs crimes enormes, courbez par leurs inclinations terrestres, qui viendront un jour à Jerusalem reprendre la beauté de l'innocence, & se décharger du poids de leurs pechez : *Camelis portantibus, id est ex Gentili populo venientibus, qui prius fuerant vitiorum feditate distorti, malorum onere curvi, ac peccatorum pravitate deformes.*

Cette Reine admira le Palais superbe que Salomon s'étoit bâti ; les mets exquis qu'on servoit à sa table ; les holocaustes qu'il offroit au Seigneur ; les riches vêtemens de ses Officiers ; le bel ordre de sa Maison : C'est à-dire, que la Gentilité devenuë fidele & détrompée enfin des erreurs fabuleuses de la Philosophie animale & charnelle des pretendus Sages du monde, reconnoîtra le vrai Auteur du Ciel & de la Terre, le Createur de l'homme, le souverain Ouvrier de l'Univers, en qui comme dans un Palais magnifique il fait éclater sa puissance & sa gloire : *Vidit ergo Ecclesia ex Gentibus congregata sapientiam Christi, id est post humanam & animalem doctrinam Philosophorum, agnovit verum Fabricatorem Cœli & Terræ ; & potentissimum humani generis Conditorem.* Elle verra l'humanité de Jesus-Christ, dans laquelle comme dans une maison magnifique en sainteté, que le Seigneur s'est bâtie, habite corporellement la plenitude de la Divinité : *Vidit & domum quam edificaverat, id est Incarnationem hominis aſſumpti, in quo habitat omnis plenitudo Divinitatis corporaliter.* Elle verra les mets exquis de ſa table, ce pain du Ciel, ce pain des Anges, dont il repaît ſes amis, *Altaris Sacramenta cœleſtia de quibus dicitur, panem cœli dedit eis, panem Angelorum manducavit homo*: Elle verra les holocauſtes, c'eſt-à-dire, les myſtiques oblations des oraiſons & des prieres qu'on offrira ſans ceſſe au Temple du Seigneur, *Vidit & holocauſta ejus, orationum ſine dubio, ſuplicationumque myſteria*: Elle verra toutes ces merveilles, & elle en ſera comme ravie & hors d'elle-même, *vidit & obſtupuit*, & toute ébloüie de tant de gloire, elle dira au vrai Roy: que ce qu'on luy avoit dit de ſa grandeur lorſqu'elle étoit encore ſur la Terre, étoit bien au deſſous de ce qu'elle voit: car lors que l'Egliſe ou chaque ame ſainte entrera dans la celeſte Jeruſalem, dans le ſejour heureux de la paix, dans la poſſeſſion du bonheur eſperé, elle verra des choſes incomparablement plus grandes & plus magnifiques que tout ce qui en avoit été annoncé dans les Ecritures ſacrées, & par la bouche des Prophetes & des Apôtres: *Cum ergo pervenerit Regina hæc ſive Eccleſia, ſive quæcumque anima ſancta in æternam Jeruſalem, id eſt viſionem pacis, & ingreſſa fuerit beatam requiem, & gloriam cœleſtium promiſſorum, multo plura & magnificentiora perſpiciet, quam ei ſunt in hac terra per ſacra eloquia, per Prophetas atque Apoſtolos nuntiata*, & ce ſera pour lors que l'ame étonnée d'un ſi grand bonheur, & d'un ſi riche heritage, toute ravie en admiration de tant de biens immenſes dont le Remunerateur la comblera, pourra dire veritablement avec la Reine de Saba: Ce que j'avois oüi dire de vous sur mes Terres est veritable, & votre gloire est plus grande que la renommée qui la publie: *Tunc beata & illustris anima inter stupendas Remuneratoris sui constituta divitias, ineffabilibus Reginæ hujus verbis uti ad Deum poterit, dicens, &c.* Et en effet ce que Dieu prepare à ceux qui l'aiment, la Foy ne le comprend pas; l'esperance ne s'y éleve pas; la charité ne l'embrasse pas: *Et revera id quod parat Deus diligentibus se, fide non comprehenditur; spe non tangitur; charitate non capitur;* Cette divine recompense est au dessus des desirs & des vœux: *Desideria & vota transgreditur:* On peut l'acquerir, mais on ne peut estimer son prix, *acquiri potest, æstimari non potest.*

Tout cecy sert extrêmement à nous faire voir combien de fois dans la suite des siecles, & en combien de manieres le retour des Gentils à la Foy nous est prédit & figuré dans l'Ecriture, & combien nos esperances sont solidement fondées en Jesus-Christ.

PREMIERE CONSIDERATION.

Cette importante & consolante verité se renouvelle, & commence de s'accomplir aujourd'huy en la personne de la Cananée, qui la premiere d'entre les Gentils, dit S. Ambroise, sortit des tenebres du Paganisme, pour venir à la lumiere de l'Evangile: *Quæ prima exivit de Gentium nationibus;* & dont la foy, qui fut les prémices de celle de l'Eglise, comme elle est la premiere démarche pour aller à Dieu, selon l'Apôtre, attira l'admiration de l'Auteur même de la Foy.

In Ps. 43. num. 49.

Pour

Pour en bien comprendre la grandeur il eſt bon d'obſerver en cette femme : Premierement, ſon extraction ; elle étoit de la race de Cham, ce fils impie, à qui Noë donna ſa malediction, & duquel les deſcendans peuplerent l'Egypte la mere de l'Idolatrie, ſelon les Anciens, & s'établirent particulierement dans la Paleſtine, appellée de leur nom la Terre de Chanaan, d'où ils furent chaſſez par les Iſraëlites, que la Juſtice Divine employa pour les exterminer, du moins en grande partie, à cauſe de leurs crimes énormes. Cette impieté comme hereditaire à ces Peuples, & leur haine inveterée contre les Juifs, étoient de grands obſtacles à la converſion de la Cananée, laquelle alloit eſtre fidele lorſque les Juifs commençoient à ceſſer de l'être, & cedoient inſenſiblement la place aux Gentils, Zara reprenant ſon droit d'aîneſſe ſur Pharés. En effet, le Sauveur un moment auparavant ayant vû que les Juifs loin de recevoir avec docilité les veritez celeſtes qu'il leur annonçoit, les rejettoient avec mépris, & les ayant traitez d'aveugles, & de conducteurs d'aveugles, *Cæci & duces cæcorum*, & leurs traditions humaines, de plantes qui ſeroient arrachées du ſacré terroir de ſon Egliſe : *Omnis plantatio quam non plantavit Pater meus celeſtis eradicabitur* ; il ſe leva, & les quitta, pour s'approcher du pays des Infideles, *& inde ſurgens abiit* : figurant par cette retraite, ſelon ſaint Chryſoſtome, que la foi paſſeroit bientôt des Juifs aux Gentils ; *tunc recto ordine progrediens, Gentibus etiam januam aperuit* : choſe étrange, continuë t il, la Cananée originaire de tant d'a-

Math. 15. 12.

Ibid.

Marc 7. 24.

Hic.

bominables ancêtres, qui violoient les droits les plus sacrez de la Nature, ouvre les yeux à la lumiere de la Foy, & les Juifs descendus de tant de Patriarches, & de Prophetes, les ferment! *Cum enim audieris Cananeam, non poteris non meminisse iniquissimarum illarum Gentium apud quas etiam leges ipsius Naturæ funditus eversæ fuerant.* Les Juifs chassent de leurs terres Jesus-Christ qui venoit à eux, & les Gentils sortent de leurs terres pour aller à Jesus-Christ, & l'attirer chez eux: Autrefois les Gentils furent exclus de la Terre promise, de peur qu'ils n'affoiblissent la foy ancienne des Juifs; aujourd'huy les Juifs devenus incredules sont rejettez, parce qu'ils s'efforcent d'éteindre la foy naissante des Gentils, & d'en empêcher le progrés: *Qui enim ejecti sunt ne Judæos perverterent, hi adeo ipsis Judæis meliores fuerunt, ut terminis suis relictis accederent, cum Judei ad ipsos venientem extruserunt:* Car nous apprenons de saint Justin & de saint Jerôme, que ces impies non contens d'avoir crucifié le Sauveur, nié sa resurrection, massacré les Apôtres, & persecuté l'Eglise, voyant que malgré leurs efforts sacrileges l'Evangile se repandoit pat tout, & que les Gentils se convertissoient en foule, & devenoient ce qu'ils avoient été, c'est à-dire, le nouveau peuple cheri de Dieu, furent saisis de tant de jalousie & de rage, qu'ils écrivirent & envoyerent des Deputez par toute la terre, jusques dans l'Ethiopie, & aux extremitez de l'Occident, pour annoncer qu'on eut à ne pas recevoir la Secte des Chrétiens, qu'ils déchiroient par mille calomnies atroces: *Quod in principio Fidei Christianę ad totas Gentes epistolas miserint*

Hie.

Ibid.

In cap. 8. Is. p. 226. cont Tryph. init.

ne ſuſciperent Paſſionem Chriſti, & miſerint uſque ad Æthiopiam & Occidentalem plagam, totumque orbem hujus blaſphemiæ diſſeminatione compleverint. De ſorte que ceux qui auroient dû retirer un Infidele de l'erreur, & luy faciliter les moyens d'aller à Jeſus-Chriſt, étoient une occaſion de ſcandale & de ruine aux Proſelytes mêmes pour les en empêcher.

En ſecond lieu, la mauvaiſe éducation de la Cananée ne rendoit pas ſa converſion moins difficile que l'antipatie de ſa nation contre la nation Juive : Elevée au milieu d'un peuple infidele ; remplie des fables de la Gentilité prophane ; habitante d'un pays peuplé d'Idolatres, dont les mœurs dépravées & les inclinations corrompuës, ſe trouvoient autoriſées par les maximes de la fauſſe Religion qu'ils ſuivoient ; elle avoit ſuccé avec le lait maternel le venin de la ſuperſtition de Tyr & de Sidon, heritieres de l'ancienne impieté de Cham : *Tyrus & Sidon urbes idololatriæ, & vitiis deditæ*, dit ſaint Jerôme : Quel ſujet de confuſion pour les villes de Judée, d'être plus rebelles à la grace que Tyr & Sidon ne l'euſſent été, ſi Jeſus-Chriſt eut operé chez elles les mêmes miracles qu'il operoit chez les Juifs ! En effet, Tyr & Sidon n'avoient violé que la Loy naturelle, & les Juifs à la violation de la Loy naturelle ajoûtoient la tranſgreſſion de la Loy de Moyſe, & le rebut de la Loy Evangelique qui leur étoit offerte, & que le Seigneur autoriſoit par un nombre infini de prodiges : *Preferuntur autem ideo quod Tyrus & Sidon naturalem tantum Legem calcaverint, iſtæ vero poſt tranſgreſſionem Legis naturalis & ſcriptæ, etiam*

In cap. 11. Matth.

Ibid.

signa quę apud eas facta sunt par-viduxerint : Coupables encore d'avoir par une obstination horrible rejetté le Maistre, tandis que Tyr & Sidon plus dociles se convertirent à la seule predication des Disciples : *Quia contra prædicationem meam superbissime restitisti, & cre-*
Ibid. *dere noluisti ... Tyrus & Sidon justificabitur quod & Apostolis crediderunt.* Aprés cela doit-on s'etonner si la Foi a passé des Juifs aux Gentils? Le Sage nous apprend que cette translation de grace d'un peuple à un autre, est la juste punition des pechez de ceux que la Provi-
Eccli. 10.8. dence en dépoüille : *Regnum à Gente in Gentem transfertur propter injustitias.* Le Sauveur avoit prédit aux Pharisiens que le Royaume de Dieu leur seroit ôté, pour étre donné à une Nation qui porteroit des fruits di-
Math. 21. 43. gnes d'une si celeste semence, *ideo dico vobis auferetur à vobis Regnum Dei, & dabitur Genti facienti fructus ejus.* Ce qui arrive quelquefois à des peuples entiers, arrive tous les jours à l'égard des particuliers. Heli & ses enfans sont privez de la gloire du Sacerdoce à cause de leurs iniquitez, & Samuel en est revêtu à cause de sa
1. Reg. 2. 32. 35. sainteté, *& suscitabo mihi Sacerdotem fidelem juxta cor meum... & videbis æmulum tuum in Templo* : Saül devenu impie & cruel, est rejetté de la Royauté, & sa cou-
2. Reg. 3. 10. ronne est donnée au doux & religieux David : *Ut transferatur regnum de domo Saül, & elevetur thronus David.* L'Evêque de Philadelphe est averti de conserver sa
Apoc. 3. 11. grace, de peur qu'elle ne soit donnée à un autre : *tene quod habes, ut nemo accipiat coronam tuam.* Que de regrets lorsque déchû de son rang on voit qu'un autre l'occupe! Que ne firent pas les Juifs quand ils sentirent

que les Gentils alloient prendre leur place ? *Non ſolum non pœnituit vos malorum quæ geſſiſtis*, leur dit S. Juſtin, *verum etiam viros quos delegiſtis Jeroſolimis, in univerſum orbem miſiſtis, qui nuntiarent Sectam Chriſtianorum, quæ Deos tolleret, ac negaret, natam eſſe, atque exponerent crimina omnia, &c.* *Cum Tr. ph. init.*

La malediction portée contre Cham par Noë étoit donc pour lors ſur le point de ceſſer par la converſion prochaine des Cananéens ou des Gentils : car ce ne fut pas une imprecation contre Cham, mais une deteſtation de l'impieté future des Cananéens, prévûe par ce ſaint Patriarche, & non une malediction de leurs perſonnes, qui attira cette prophetique malediction : bien differente de celle dont parle ſaint Auguſtin en plus d'un endroit, & qu'il eſt bon de rapporter icy. Une femme de Ceſarée en Cappadoce, & mere de dix enfans, fut maltraitée par l'aîné de tous, d'une maniere outrageante, juſqu'à mettre les mains ſur elle, & la battre grievement, *gravibus atque intolerandis injuriis affecit, in tantum ut ei etiam manus non dubitaret inferre*, & cela en preſence de ſes neuf freres & ſœurs, qui ſouffrirent cette horrible indignité ſans s'en émouvoir, ni dire aucun mot en faveur de leur mere ; cette femme outrée de douleur, & tranſportée de colere, reſolut de s'en vanger : elle va dés la pointe du jour au Baptiſtere de l'Egliſe, & là toute échevelée, découvrant ſes mamelles devant les ſacrez Fonts, elle profera des imprecations contre ſes enfans, à qui elle donna, nul excepté, ſa malediction, & invoqua l'ire de Dieu ſur eux : *Sparſis crinibus, nudatiſque uberibus,* *Serm. 322. p. 1276. de Civ. Dei 22. 8.*

demandant qu'ils fussent maudits comme d'autres Caïns : L'effet suivit l'imprecation, un tremblement de tous les membres s'empara du corps de ces dix enfans, *ita ut horribiliter quaterentur omnes tremore membrorum,* & ils errerent vagabons par toute la terre : ils visiterent plusieurs tombeaux des Martyrs pour obtenir leur délivrance, & saint Augustin en Afrique en vit deux nommez Paul & Palladie, frere & sœur, qui furent guéris par la vertu des Reliques de saint Etienne, en presence de tout son peuple, auquel ce saint Prelat fit sur le champ un excellent sermon sur les devoirs reciproques des enfans envers leurs parens, & des parens envers leurs enfans, & sur l'honneur dû aux Saints. La Cananée d'aujourd'huy ne fut pas une semblable mere, puisqu'elle invoqua le Seigneur pour la guérison de sa fille ; mais en cela même voici un troisiéme obstacle à sa foy : Le démon infectoit sa maison, & possedoit sa fille : triste effet peut-estre de cette ancienne malediction sur les Cananéens, & juste punition de leur idolatrie : car entre les malheurs que la désobéïssance d'Adam attira sur l'homme, sans doute que la tyrannique domination du démon n'en est pas un des moindres.

2. 19. L'Apôtre saint Pierre enseigne que celui qui est surmonté par un autre luy devient assujetti : *A quo qui superatus est, hujus & servus est*, & par consequent qu'il en est le maistre : Or le démon surmonta l'homme l'engageant à le croire, & à luy obéïr, & menant ainsi en triomphe le genre humain, qu'il subjugua en la personne d'Adam qui le renfermoit, *diabolus su-*

perato homine triumphavit, dit ſaint Auguſtin, *Adam victus genus ſuum ſubjecit peccato.* qq. ex nov. Teſt. 77.

Le même Pere obſerve que l'homme ſe vendit au démon pour le vil plaiſir de manger du fruit défendu, *vendidit ſe homo per liberum arbitrium, & accepit pretium exiguum de arbore vetita voluptatem*, & qu'ainſi l'homme s'étant ſouſtrait par cette vente au domaine de Dieu qui ſe retira de luy, le démon s'empara de l'homme comme d'une maiſon qui luy appartenoit, *Deo enim deſerente peccantem, peccati author illicò invaſit:* De cette ſorte l'homme ſe trouva livré au pouvoir du démon, non que Dieu l'ait ainſi commandé, mais parce qu'il l'a juſtement permis: *Modus autem iſte quo traditus eſt homo in diaboli poteſtatem, non ita debet intelligi, tanquam hoc Deus fecerit, aut fieri juſſerit, ſed quod tantum permiſerit juſtè tamen.* S. Auguſtin ajoûte que l'homme ſe rangea du côté du démon, parce que le démon lui promit de le rendre indépendant ainſi que Dieu, s'il ſecoüoit le joug de l'obéïſſance dûë au Createur: *ut nullo ſibi dominante fieret ſicut Deus, quia Deo nullus utique dominatur.* Sur quoy S. Thomas obſerve que le démon eſt appellé dans l'Ecriture le Roy de tous les ſuperbes, & que comme il eſt de la prudence de celui qui gouverne de ſe propoſer une fin, & d'y faire tendre ceux qu'il gouverne, la fin que le démon s'eſt propoſée quand il s'eſt ſouſtrait à l'obéïſſance du Createur, a été de ſecoüer le joug de la dépendance, & de joüir de ſa liberté, devenant ainſi le chef de tous les déſobéïſſans à la Loy de Dieu, qui ne veulent avoir d'autre maiſtre qu'eux-mêmes: *Et per hunc modum dicitur*

Ibid.

De Trin. 13. 14.

Ibid.

In Pſ. 70 in fin.

diabolus caput omnium malorum, nam ut dicitur Job 41. ipse
3. p. q. 8. a. 7. *est Rex super universos filios superbiæ : pertinet autem ad gubernatorem ut eos quos gubernat, ad suum finem adducat : finis autem diaboli est aversio creaturæ rationalis à Deo : unde & à principio hominem ab obedientiâ divini præcepti removere tentavit ; ipsa autem aversio à Deo habet rationem finis, in quantum appetitur sub ratione libertatis, secundum illud Jeremiæ 2°. à sæculo confregisti jugum, rupisti vincula, dixisti non serviam : quantum igitur ad hunc finem aliqui adducuntur peccando, sub diaboli regimine & gubernatione cadunt, & ex hoc dicitur eorum caput.* Tel est le chef des rebelles à leurs Superieurs.

La Cananée étant donc ainsi assujettie au démon par la naissance ; par la superstition ; par la vexation qu'elle souffroit ; quelle difficulté ne devoit-elle pas éprouver à se tirer de l'oppression d'un hoste si fâcheux, d'un si violent maistre, & d'un fort si bien armé qui gardoit cette maison, & qui sans doute n'infectoit pas moins l'esprit que le corps de la mere & de la fille ? Où trouver un homme juste qui ne devant rien au démon, le dépoüillât du domaine qu'il avoit sur l'homme coupable, en punition de ce qu'il auroit osé exercer son domaine tyrannique sur un homme innocent qui ne luy devoit rien, & sur lequel par consequent il n'avoit aucun droit ? L'heureux moment n'étoit pas encore arrivé, auquel on pût dire avec S. Leon : *Omnium captivorum amisit servitutem, dum nihil sibi debentis persequitur libertatem.*

SE-

SECONDE CONSIDERATION.

La converſion de la Cananée n'eſt qu'une image de celle de la Gentilité : on y voit en abregé dans ſon recours à Jeſus-Chriſt, ce qui ſe rencontra dans le retour du genre humain au vrai Dieu ; les circonſtances ſont les mémes : le progrés de la choſe a été ſemblable à ſon origine, & ce qui ſe paſſa pour lors, ſe continuëra dans la ſuite des ſiecles. 1°. Le premier rayon de la grace prevenante en elle, & ſon premier bonheur fut d'avoir écouté les merveilles qu'on publioit de Jeſus-Chriſt, & d'avoir écouté des oreilles du cœur encore plus que de celles du corps, *fides ex auditu*, c'eſt par l'oüie que la Foy s'inſinuë dans l'ame : *Mulier ut audivit de eo* : elle avoit oüi dire qu'une grande lumiere s'étoit levée ; qu'un nouveau Prophete avoit paru ; qu'on le regardoit comme le Fils de David, comme le Meſſie ſi attendu ; qu'il prêchoit une doctrine toute celeſte, & juſqu'alors inoüie ; que l'éclat de ſes vertus répondoit à la ſublimité de ſes predications ; qu'il autoriſoit ce qu'il diſoit par un nombre infini de miracles & de prodiges ; qu'il rendoit la vûë aux aveugles ; l'oüie aux ſourds ; la ſanté aux malades ; la vie aux morts ; qu'une ſecrete vertu ſortoit de luy qui guériſſoit toutes ſortes d'infirmitez ; qu'il chaſſoit les démons par ſa ſeule parole ; qu'au reſte il étoit ſi plein de douceur & de bonté, qu'il recevoit avec une incomparable charité les plus grands pecheurs, & les plus abjectes perſonnes, & qu'il leur donnoit un libre accés auprés de luy, *Mulier ut audi-*

Rom. 10. 16.

vit de eo. Telles furent les premieres semences de sa foy ; elle écouta, elle crut, elle espera, elle courut.

2°. Sa foy fut prompte & vive, elle n'hesita pas un moment à croire : *Statim ut audivit*; si-tôt qu'elle entendit, elle crut : Le saint Esprit est un feu actif, une eau vive : *Nescit tarda molimina Spiritus sancti gratia.* En effet avec quelle suprenante rapidité la Foy ne se répandit-elle pas dans le monde ? Les Apôtres étoient encore en vie, & saint Paul écrivoit aux Romains, qu'il remercioit Dieu de ce que leur foy étoit annon-

Rom. 1. 18. cée par toute la terre : *Gratias ago Deo meo... quod fides vestra annuntiatur in universo mundo.* Il disoit aux Colossiens que l'Evangile étoit oüi de toute creature qui étoit sous le Ciel, qu'il étoit prêché, qu'il fructifioit

Col. 1. 5. & 6. 23. par tout l'Univers, *Evangelium quod predicatum est in universa creatura quæ sub Cœlo est... quod pervenit ad vos, sicut & in universo mundo est* : Il mandoit encore aux Romains que la foy vient de ce que l'on a oüi, & qu'on a oüi parce que la parole de J. C. a été annoncée par les Apôtres, dont la predication a retenti par

Rom. 10. 17. toute la terre ; *ergo fides ex auditu, auditus autem per verbum Christi; sed dico nunquid non audierunt ? & quidem in omnem terram exivit sonus eorum, & in fines orbis terræ verba eorum.*

Saint Gregoire de Nazianze assure que saint Thomas porta la lumiere de la Foy aux Indes, ainsi que les autres Apôtres en divers pays éloignez : *Nonne*

Orat. 25. *Apostoli peregrini fuerunt ? Nonne multarum Nationum, atque urbium hospites, in quas divisi sunt, ut Evangelium quaquaversum curreret, nec quicquam luminis expers foret,*

Thomæ cum Indiâ, &c. Plusieurs Disciples successeurs de leur zele se repandirent dans tous les climats connus pour y prêcher l'Evangile, & oserent aller jusques chez les Nations les plus éloignées & les plus barbares, dit Eusebe : *Per universum terrarum orbem late spargentes salutaria semina Evangelii, iis qui fidei sermonem non audierant Christum prædicantes, &c. multaque per eosdem miracula operabantur, in remotis ac barbaris regionibus fundamenta fidei jacientes, &c.* L. 6. 3. c 37.

Entre les autres *Pantænus* Predicateur illustre de la celebre Ecole d'Alexandrie, envoyé par Demetrius son Evêque, penetra jusques dans les Indes, & dans tout l'Orient le plus reculé, & y prêcha aux Brachmanes l'Evangile de saint Matthieu, qu'il laissa écrit en Hebreu à ces Peuples, en quoi il avoit été dévancé par S. Barthelemy; *Orientis Nationibus Evangelii Christi prædicator extitit ad ipsam usque Indiam progressus & à Demetrio Alexandriæ Episcopo missus est in Indiam, ut Christum apud Brachmanas & illius Gentis Philosophos prædicaret*, dit saint Jerôme; & nous avons vû ci-dessus que les Juifs voyant qu'on annonçoit l'Evangile par tout, envoyerent des Legats jusqu'aux confins de l'Ethiopie & de l'Occident, & dans tout l'Univers, pour en empêcher la propagation ; *usque ad Æthiopiam & Occidentalem plagam totumque orbem, &c.* marque assurée qu'il y étoit déja prêché avec succés : S. Justin, saint Irenée, & Tertullien font en plusieurs endroits de leurs Ouvrages une énumeration d'une tres-grande multitude de Nations barbares, bien au-delà des limites de l'Empire Romain, à qui l'Evangile avoit été an-

Eus. l. 5. c. 10.

Epist. ad Mag. orat.

noncé, & qui l'avoient reçû. Quelle extrême promptitude! Sans doute que celle du Soleil qui illumine l'hemisphere en un moment n'est pas plus admirable, ni plus surprenante.

Mais rien n'est plus beau que d'entendre saint Jerôme là-dessus: Maintenant, dit il, les langues & les lettres de toutes sortes de Nations chantent la passion & la resurrection de Jesus-Christ: *Cunctarum Gentium & voces & litterę sonant*: Non-seulement les Hebreux, les Grecs, & les Latins celebrent sa gloire, mais de plus, l'Indien, le Perse, le Goth, & l'Egyptien, sçavent la Theologie Chrétienne, *taceo de Hebræis, Græcis & Latinis: Indus, Persa, Gothus, & Ægyptius Philosophantur.* Les cruels habitans de Bessora, & ces peuples farouches qui sacrifioient autrefois des hommes aux Furies de l'Enfer, ont changé leur rudesse intraitable aux doux accens des Cantiques de la Croix, & Jesus-Christ retentit dans tout l'Univers: *Bessorum feritas, & pellitorum turba populorum; &c. & totius mundi una vox Christus est*: Nous recevons tous les jours des troupes de Moines qui nous viennent de l'Inde, de la Perse, & de l'Ethiopie, *de India, Perside, Æthiopia Monachorum quotidie turmas suscipimus*: L'Armenien a déposé son carquois & ses fleches, les Huns apprennent le Pseautier, les climats glacez de la Scytie brûlent du zele d'une foi ardente: *Deposuit pharetras Armenius, Hunni discunt Psalterium, Scythiæ frigora fervent calore fidei.* Les Armées des Gettes conduisent avec elles des Eglises portatives, *Getarum exercitus, &c.* En un mot je ne croi pas qu'il reste aucune Nation sur la terre qui

Ad Lat.

ne sçache Jesus-Christ : *Non enim puto aliquam remansisse gentem quæ Christi nomen ignoret.* Oseroit-on le dire avec ce saint & sçavant Docteur ? les bestes mêmes privées de raison, mais émuës par un esprit divin, témoignoient ressentir la vertu de Jesus-Christ : ce qui faisoit dire au grand saint Antoine témoin de cette merveille : Malheur à toi Alexandrie, malheur à toy ville idolatre ! Que peux tu dire à present ? Tu ne rougis pas d'adorer les bestes, tandis que les bestes reconnoissent Jesus-Christ ? *Væ tibi Alexandria, væ tibi civitas meretrix ! Quid nunc dictura es ? Bestiæ Christum loquuntur, & tu pro Deo portenta veneraris ?* La foy de la Cananée tenoit de ce caractere, nul intervale entre son oreille & son cœur, écouter & croire furent chez elle de la même date, & la lumiere qui nâquit pour lors en elle, figuroit celle qui bientôt alloit soudainement naître dans tout l'Univers. *In C. 24. Mat. v. 14.*

3°. Sa foy fut vigilante & fervente, car le Sauveur s'étant retiré dans une maison, & ne voulant pas qu'on le sçût en ce pays-là : *Et ingressus domum neminem voluit scire :* L'ordre de sa mission exigeant qu'il prêchât premierement au peuple Juif, & ensuite au peuple Gentil, elle l'y découvrit, & il ne put lui estre caché : *Et non potuit latere : Mulier enim Cananæa, &c.* Telle a été la foy de la Gentilité : La vie obscure du Sauveur n'a pû le dérober à sa vivacité ; sous le voile d'une chair mortelle où la Divinité comme dans une maison corruptible s'étoit cachée, elle a reconnu son Liberateur ; sous ses humiliations elle a entrevû ses grandeurs ; sous ses foiblesses apparentes elle a trouvé ce fort armé qui devoit la délivrer de l'injuste opression du démon: *Filia mea male à dæmonio vexatur*: Le Juif incredule s'est fait un scandale du mystere de la Croix; le Philosophe arrogant l'a regardé comme une folie; le Gentil devenu humble aux seules lueurs de la Foy, y a apperçû la vraye sagesse, & la vertu divine; le salut & la vie: *& non potuit latere.*

Il a fait plus: car si le Sauveur n'a pas caché son humanité à la foy du Gentil, le Gentil n'a pas caché sa foy à la Divinité du Sauveur, lui ayant rendu un témoignage public par la bouche d'une infinité de Confesseurs & de Martyrs. Que de cris éclatans au milieu des tribunaux, & des tortures les plus atroces n'ont pas fait entendre ces professions de foy si redoutables au démon? Je suis Chrétien; Je croi en Jesus-Christ; Jesus-Christ est Dieu?

Saint Ignace Evêque d'Antioche interrogé par l'Empereur Trajan, proteste que Jesus Christ est le Fils unique du Pere, & scelle cette protestation par une mort cruelle: *Unus Christus Jesus Filius Dei unigenitus.* Saint Policarpe Evesque de Smirne pressé par un Proconsul devant un peuple immense, de répondre de sa foy, declare hautement qu'il adore Jesus-Christ, *Palam me Christianum dico, & quo magis irasceris ego gaudeo*, sur cette confession il est brûlé tout vif.

Saint Gordius, homme de guerre, presenté devant le Juge, lui tint ce discours, au rapport de saint Basile: Je parois ici, lui dit-il, pour vous declarer que je méprise vos Edits; que je reconnois Jesus-Christ pour mon esperance & mon protecteur, & que vous sçachant le plus cruel des hommes je suis bien aise de vous le dire à vous-même, *Jesum Christum spem meam meumque præsidium profiteor.* La langue que je tiens de Jesus-Christ mesme ne peut se resoudre à renoncer à son Auteur: *Linguam quam Christi beneficio retineo adduci non posse ut suum neget Auctorem.* Une si hardie profession de foy fut suivie de plusieurs sortes de gesnes horribles, & enfin du feu dans lequel il consomma son sacrifice, aprés s'estre muni du signe salutaire de la Croix, *Crucis se signo communiens.*

Sainte Julitte interpellée plusieurs fois devant tout le peuple de declarer sa foy, proteste hautement qu'elle est servante de Jesus-Christ: *Contestans ancillam se esse Christi:* & pleine de ferveur & de joye, elle se jette au milieu d'un bucher ardent: *In lignorum struem accensam insiluit, indicans profusissimum gaudium.*

La bienheureuse Agnes, au rapport de saint Ambroise, chargée de chaînes, & tourmentée par plusieurs bourreaux, traînée au supplice, du milieu des flammes leve les mains à Jesus-Christ: *Christo inter ignes manus tendens*, & immole son corps qu'elle ne veut pas pouvoir plaire à d'autre qu'à ce celeste Epoux: *Pereat corpus quod amari potest oculis quibus nolo.*

Sainte Theodore, Vierge illustre selon le monde, & encore plus selon Dieu, ajoûte le même Pere, conduite devant le Juge, & interrogée sur sa religion, répond qu'elle croit en Jesus-Christ, *Theodora respondit, Christiana sum, confiteor Christum Dominum, Christo credo qui passus est sub Pontio Pilato;* qu'elle a voüé sa chasteté à Jesus-Christ, & elle meurt pour Jesus-Christ. On ne finiroit point là-dessus.

4°. Voicy un quatriéme caractere de la foy future du Gentil representée dans celle de la Cananée, c'est-à-dire, un crayon de ce genereux mépris de toutes choses pour suivre Jesus Christ, qui devoit un jour reluire avec tant d'éclat dans l'Eglise des Nations, dont cette femme, selon saint Jerôme, étoit la figure: *Mira sub persona mulieris Cananitidis Ecclesiæ fides prædicatur;* car la Cananée n'eut pas plutôt entendu parler de Jesus-Christ, elle n'eut pas plutôt crû au Sauveur, *statim ut audivit de eo*, que transportée d'un mouvement divin, elle quitta son pays, sa maison, son bien, sa fille, pour aller à luy, & trouver tout en luy: *Et ecce mulier Cananea de finibus illis egressa:* Tels furent les premiers Fideles, lorsque le Sang de Jesus-Christ estoit encore tout boüillant, comme s'exprime ailleurs ce même Pere, & que la Foi recente embrasoit les cœurs: *Quando Domini nostri adhuc calebat cruor, & fervebat recens in credentibus fides:* Loin de se plaindre quand on les depoüilloit de leurs biens en haine de la Foy, ils s'en dépoüilloient volontairement eux-mêmes par amour pour la Foy, afin de mieux imiter J. C. A peine les Tyrans, devenus Chrétiens, eurent-ils cessé de les chasser de leur patrie & de les releguer dans des Isles éloignées; d'envahir leurs possessions, & de les faire mourir dans les tourmens, que les plus parfaits d'entre eux ne trouvant plus de persecuteurs dans le monde, allerent se persecuter eux-mesmes dans des deserts: A peine leur fut il permis de posseder leurs heritages,

Hie.

Epist. ad Demet. post med.

&

& de vivre en paix chez eux, qu'ils quitterent tout, maisons, possessions, parens, & amis, pour se confiner dans des solitudes, & se macerer par des jeûnes rigoureux, par des oraisons continuelles, & par toutes les rigueurs de la penitence, crucifiant leur chair, & offrant leur vie en sacrifice au Seigneur; en un mot exerçant sur eux dans la retraite ce que la cruauté des Idolatres eut pû leur faire endurer dans le monde, & y vivant dans un éloignement des consolations humaines, & dans une separation des personnes mêmes les plus cheres.

L'Eglise n'estoit presque pas encore formée & les Disciples vendoient leurs possessions, & en apportoient le prix aux pieds des Apôtres.

Saint Paul de son vivant rendoit temoignage aux Fideles qu'ils avoient souffert avec joye la depredation de leurs biens pour le maintien de la Foy: *Rapinam bonorum vestrorum cum gaudio suscepistis.* *Heb. 11.34*

La paix estant renduë à l'Eglise, saint Felix Prestre de Nole fut conseillé de redemander ses biens confisquez, sous pretexte qu'il en feroit des aumônes, mais il eut horreur de cette proposition: A Dieu ne plaise, repondit-il, que je perde ce que j'ay gagné: *Horruit amissos in jura reposcere fundos.* *S. Paul.*

Saint Paul premier Ermite, plustost que d'exposer sa foy, quitte ses biens, sort de sa maison, va dans le desert chercher Jesus-Christ, & y passe cent ans dans la penitence, *omnem ibidem in orationibus & solitudine duxit ætatem.* *S. Hiero.*

Saint Malc fils unique, pressé par l'autorité de son

pere, & les caresses de sa mere, de se marier, sort de leur maison en secret, abandonne ses richesses, & ses parens, & va consacrer à Jesus Christ sa virginité dans un desert: *Quantis pater minis, quantis mater delitiis, persecuti sunt ut pudicitiam perderem, perveni ad eremum.*

Init. vitæ.

Saint Antoine ayant entendu dans l'Eglise ces paroles de l'Evangile: Si vous voulez estre parfait, allez, vendez tout ce que vous avez, donnez-le aux pauvres, & suivez-moy, quitte le monde, comme si Jesus-Christ même lui eut parlé, & embrasse une vie austere & penitente dans des deserts le reste de ses jours, *asperum atque arduum arripuit institutum.*

Saint Hilarion âgé de quinze ans, distribuë son bien aux pauvres, & craignant la punition d'Ananie & de Saphira, il ne s'en reserve aucune chose, pour obéir à cette parole du Sauveur: Celui qui ne renonce pas à tout ce qu'il possede ne peut estre mon disciple; il se revest de Jesus-Christ seul, & couvert d'un âpre cilice il va passer sa vie dans les deserts: *Sic nudus & armatus in Christo solitudinem ingressus est.*

S. Hier.

Saint Simeon Stilite n'eut pas plustost entendu une voix celeste qui prononçoit ces paroles: Heureux ceux qui pleurent, car ils seront consolez, qu'enflammé du desir de posseder Jesus-Christ l'auteur du bonheur éternel, il sortit de l'Eglise, & se retira dans les deserts, où il mena une vie non moins prodigieuse par ses austeritez, qu'éclatante par ses miracles.

Theod.

Sainte Perpetuë en prison, visitée jusqu'à trois fois par son pere, qui lui dit les choses du monde les plus fortes & les plus touchantes pour l'obliger de renoncer à la Foy, demeura ferme comme un rocher, luy disant qu'elle n'avoit rien à répondre, ſinon qu'elle eſtoit Chretienne : *Aliud dicere non poſſum, niſi quod ſum Chriſtiana.* *Act.*

Sainte Paule, illuſtre Dame Romaine, ſort de ſa maiſon, elle s'eloigne de ſon pays, elle ſe bannit elle-même de ſa patrie, elle quitte ſa famille, & ſans ſe laiſſer amolir aux larmes & aux cris de ſes chers enfans, ſur tout de ſa bien aimée fille, elle s'embarque & traverſe les mers pour aller chercher Jeſus-Chriſt, & conſommer ſa vie dans la retraite & la priere, *amorem filiorum majore in Deum amore contemnens.* *S. Hier.*

La Cananée fut le premier modele de toutes ces vertus heroiques qui devoient un jour reluire dans l'Egliſe de la Gentilité dont elle eſtoit la figure, dit encore S. Auguſtin; *Gentium Populus cujus typum prætendebat hæc mulier*, & ſa foy fut également fervente, religieuſe, Apoſtolique, operante par la charité, *& ecce mulier Cananæa ſtatim ut audivit de eo, de finibus illis egreſſa, venit & procidit ad pedes ejus.* *Ser. 18. de Verb. Mat. poſt ini.*

TROISIE'ME CONSIDERATION.

La foy de la Cananée fut une foy infuſe immediatement de Dieu, ſans le ſecours de la predication, de la lecture, ou des miracles, mais une foy grande, ſublime, lumineuſe, qui dans un moment, & ſans autre maiſtre que le S. Eſprit, combla ſon ame des plus vives clartez, & de la plus douce confiance.

Premierement, elle crut que Notre Seigneur pouvoit guérir sa fille; elle ne lui avoit point vû faire de miracles, donner la vûë aux aveugles, l'oüie aux sourds, la vie aux morts, appaiser l'orage émû par son seul commandement: elle n'avoit point entendu ses predications, ni lû les Prophetes, cependant elle croit, & les Juifs témoins perpetuels des prodiges qu'operoit Jesus-Christ, auditeurs assidus de ses celestes instructions, ne croyent pas. Une femme infi-
De Verb. Joa. med. dele, payenne, esclave des démons, croit; *Cananæa idolorum cultrix, ancilla dæmoniorum*, dit S. Augustin, & les enfans d'Abraham, les disciples de Moyse, les heritiers des testamens divins, ne croyent pas: Le Juif incredule dit dans une semblable occasion: Seigneur, si vous pouvez quelque chose, delivrez mon
Marc 9.21. fils possedé par le demon, *Si quid potes adjuva nos*: La Cananée idolatre n'hesite pas un moment sur le pouvoir absolu de Jesus Christ, *erat enim mulier gentilis Syrophænissa genere, & rogabat eum ut demonium ejiceret de filiâ ejus.*

En second lieu, elle a plus de foy que les Chefs & les Docteurs des Juifs: Les Saducéens nioient qu'il y eut des Anges & des Esprits: *Saducei enim dicunt non*
Act. 23. 8. *esse Angelum, neque Spiritum.* Les Scribes & les Phariliens accusoient Jesus-Christ de ne chasser les démons qu'en la vertu du Prince des diables, *in Principe demo-*
Marc 3. 12. *niorum ejicit demonia*: La Cananée plus éclairée que ces Sçavans dans la Loy, croit qu'il y a des démons; elle reconnoist en Jesus Christ un pouvoir superieur au leur, & elle se confie qu'il peut par sa vertu les chasser du corps de sa fille.

Troiſiémement, elle croit que Jeſus-Chriſt peut délivrer ſa fille quoy qu'abſente par un ſeul acte de ſa volonté, & ſans aucune ceremonie exterieure, ſans aucun ſigne ſenſible, ſans aucune priere vocale, ſans lever les yeux au ciel, ſans que la malade fut preſente : elle ne la luy amene point comme on lui amena le paralytique, *offerebant ei Paralyticum jacentem in lecto*: Elle ne le prie point de venir dans ſa maiſon, comme cet Officier de guerre, *rogabat eum ut deſcenderet, & ſanaret filium ejus* : Elle ne demande point qu'il impoſe ſa main ſur la teſte de ſa fille pour la guérir, comme le Prince de la Synagogue, *veni impone manum tuam ſuper eam, ut ſalva ſit* : Elle ne pretend point toucher la frange de ſon habit pour obtenir la ſanté, comme l'Hemorroïſſe : *Si teſtigero veſtimentum ejus, ſalva ero* : Elle n'exige point de lui qu'il prononce ſeulement une parole pour commander au démon de ne plus tourmenter ſa fille, comme le Centurion, *dic verbo & ſanabitur puer meus* : Elle veut ſeulement qu'il la regarde, perſuadée qu'il lui fera miſericorde, deſlors qu'il aura vû ſa miſere : *Miſerere mei* : Qui vit jamais une plus grande foy, une plus parfaite confiance, & qui peut ne pas s'écrier avec le Sauveur : *O mulier, magna eſt fides tua !* O femme, que votre foi eſt grande !

Mat. 9. 2. *Joan. 4. 7.* *Mat. 9. 18.* *Mar. 5. 23.* *Ibid.* *Mat. 8. 8.*

Quatriémement, élevée incomparablement plus par les lumieres de la Foy, que les Juifs ne l'étoient par les ombres de la loy, elle reconnut Jeſus-Chriſt pour ce Fils de David, pour ce Meſſie ſi promis, ſi deſiré, ſi attendu ; elle proteſta à haute voix qu'il eſtoit ſon

Seigneur & son Dieu, elle l'invoqua comme son Sauveur & son Liberateur, qui seul pouvoit la delivrer de l'oppression tyrannique du démon, *venit & clamavit, dicens ei: Miserere mei, Domine, Fili David.... & procidit ad pedes ejus, & adoravit eum dicens: Domine adjuva me: & rogabat eum ut dæmonium ejiceret de filia ejus*: Non contente de croire de cœur, & de dire en elle-même: Celui à qui je vas m'adresser est Dieu, qui connoist ce qui est eloigné comme ce qui est present; ce qui est caché comme ce qui est public; en un mot qui sçait tout, qui voit tout, qui peut tout, qui est par tout: *Hæc intra semetipsam conferens & dicens, Deus est ad quem vado, absentia videt, occulta inspicit, omnia novit*: Outre cette religieuse & interieure croyance de la verité, elle confesse de bouche qu'il est tout puissant, qu'il est le Fils de David; il semble qu'elle ait appris que c'est de lui de qui l'Ange avoit prédit qu'il s'asseoiroit sur le thrône de son Pere, & que son regne n'auroit jamais de fin, *Dabit illi Dominus Deus sedem David patris ejus, & regnabit in domo Jacob in æternum, & regni ejus non erit finis*: Elle declare que lui seul peut l'exaucer efficacement par la compassion qu'il aura de ses maux: Prosternee à ses pieds, elle ne reclame que luy; elle n'a recours qu'à luy; elle n'attend rien que de luy; elle ne s'adresse ni à Jacques, ni à Jean, ni à Pierre, ni au College Apostolique, pour obtenir ce qu'elle souhaite: Jesus-Christ seul occupe son esprit, & remplit son attente; elle n'a pour tout introducteur aprés de luy que la penitence: *Non rogat Jacobum*, continuë S. Chrysostome, *non*

Hom 17. de Can p. 483.

Luc 1. 32.

obſecrat Joannem, neque pergit ad Petrum, nec intendit Apoſtolorum Chorum: Elle va droit à la ſource, *ad ſummum fontem perrexit, pro omnibus illis pœnitentiam accepit comitem*: Seigneur, luy dit elle, prenez pitié de moy, c'eſt à vous uniquement à qui je m'adreſſe, vous diſant dans les mêmes ſentimens & dans les mêmes termes deſquels autrefois uſa le ſaint Roy dont vous deſcendez: Seigneur ayez pitié de moy: *Miſerere mei*: car n'eſt-ce pas pour notre ſalut que vous eſtes venu, que vous eſtes deſcendu, que vous vous eſtes revêtu de notre chair, que vous vous eſtes fait ce que nous ſommes? *Propterea, inquit, veniſti, propterea carnem aſſumpſiſti, propterea factus es quod ego ſum.* O Spectacle merveilleux, s'écrie ce même Pere: Une ſimple femme, une pechereſſe oſe parler ſur la terre à celui devant qui dans le Ciel les Cherubins tremblent, devant qui les Seraphins ſe proſternent! O *miranda res! ſurſum in Cœlis Cherubim eum tremunt, & Seraphim metuunt, deorſum fœmina loquitur!* O profeſſion autentique d'une foy pure, continuë toûjours ce Saint! *O præclara confeſſio!* une ſimple femme juſqu'alors infidele, devient tout d'un coup une ſçavante Evangeliſte du myſtere de l'Incarnation, & de la divinité du Sauveur! *Evangeliſta fit mulier, Deitatem Chriſti, & diſpenſationem annuntiat, confitetur dominationem & Incarnationem ejus*: Celui que les Juifs ne vouloient pas reconnoiſtre pour le Meſſie, qui par une déliberation ſolemnelle avoient conſpiré de chaſſer de la Synagogue ceux qui le reconnoiſtroient pour le Chriſt, *jam enim conſpiraverant Judæi, ut ſi quis eum*

J. n. 9, 22. *confiteretur esse Christum, extra Synagogam fieret.* Celui-là même, ô merveille inoüie, est hautement proclamé Fils de Dieu dans un pays idolatre, est humblement adore par une femme payenne ! *Primum filium David, deinde Dominum vocat, & ad extremum adorat ut Deum*, dit S. Jerôme sur cet endroit : & cette précieuse confession de foy, qui estoit tout ce qu'on exigeoit des Juifs, témoins de tant de prodiges qui l'autorisoient, est prononcée avec un parfait acquiescement par une femme qui n'a vû aucun miracle, qui
Hie. n'a reçû aucune instruction. *Quæ nulla lege, nullis Prophetis fuit commonita*, dit saint Chrysostome : & qui croit que le grand miracle qu'elle demande, n'est par rapport à la puissance de Jesus-Christ, qu'une miette de pain par rapport à la table abondante de ce riche Pere de famille, *nam & catelli comedunt de micis quæ cadunt de mensa Dominorum suorum* : & par consequent qu'il pouvoit faire un nombre infini d'autres prodiges infiniment plus surprenans & plus éclatans que celui-ci.

QUATRIE'ME CONSIDERATION.

Mais rien ne fait mieux voir la grandeur de sa foi que l'efficace de sa priere, puisque, selon saint Augustin, la priere est à la foy ce que le ruisseau est à la source, & que suivant l'Apôtre, la priere n'est qu'une émanation ou une effusion de la foy : *Ut ostenderet Apostolus fidem esse fontem orationis, nec posse esse rivum ubi caput aquæ siccaretur adjunxit atque ait, quomodo autem*

Serm. 36. de Verb. Dom.

tem inVocabunt in quem non crediderunt? Jamais perſonne n'a eu plus de raiſons de croire qu'elle n'impetreroit pas ce qu'elle demandoit, ni plus d'obſtacles à ſurmonter pour l'obtenir, ni plus de ſujets de ſe rebuter dans la pourſuite qu'elle en faiſoit, que la Cananée. Premierement :

Sa Nation, les Juifs & les Cananéens eſtoient des ennemis irreconciliables.

Sa Religion, le Juif adoroit le vrai Dieu ; le Cananéen adoroit le démon ; quelle ſocieté entre Jeſus-Chriſt & Belial ?

Son indignité, c'eſtoit une pechereſſe infectée de la lepre originelle, & coupable des crimes où plongeoit l'idolatrie : *Scimus quia peccatores Deus non audit, ſed ſi quis Dei cultor eſt, hunc exaudit* : & cependant elle ne demande rien moins qu'un grand miracle. Joan. 9. 31.

Son ſexe, c'étoit une femme, foible par conſequent ; timide ; aiſée à ſe rebuter ; inconſtante ; puſillanime ; ſeule ; hors de ſa maiſon, & de ſon pays : *Egreſſa de finibus illis.*

Le dédain qu'on lui témoigne, on ne répond pas ſeulement un mot à ſon ardente priere : *Qui non reſpondit ei verbum.*

Le refus que le Sauveur fit à ſes Diſciples de l'exaucer, quoy qu'ils l'en preſſaſſent, & l'en priaſſent : *& accedentes Diſcipuli ejus rogabant eum, dicentes : Dimitte eam, quia clamat poſt nos.*

La declaration de Jeſus-Chriſt à elle-même, qu'il n'étoit envoyé qu'aux brebis d'Iſraël, dont elle n'étoit pas : *Non ſum miſſus niſi ad oves quæ perierunt domus Iſraël.*

Que pouvoit-elle prétendre aprés cela, dit saint Chrysostome? le seul silence de Jesus-Christ avoit dû d'abord la glacer; sa réponse, la decourager; l'intercession des Apôtres rejettée, la desesperer; l'indécence alleguée de repaître les chiens avant que de rassasier les enfans, devoient ce semble l'obliger à se retirer: Enfin l'impossibilité morale de lui accorder sa demande, en ce que le Messie ne devant rien faire que comme envoyé, & n'étant pas envoyé à elle, il ne pouvoit rien faire pour elle: *Non sum missus nisi ad oves domus Israël*, devoit lui ôter tout espoir de rien obtenir: Voici les paroles de cet admirable Interprete: *Sufficiens equidem erat Christi silentium, ut illam in desperationem conjiceret, responsio vero id multo magis efficiebat, maximè cum videret patronos etiam ipsos repulsam passos fuisse, audiretque rem istam fieri non posse.* Cependant elle ne desiste pas un moment de son entreprise, elle veut forcer le Sauveur à l'exaucer: *Attamen non desperavit mulier:* D'abord elle n'avoit pas ose s'approcher, elle s'étoit tenuë éloignée, & elle avoit crié pour se faire entendre, & pour mieux marquer sa douleur, ainsi qu'observe le même Pere: *Antea enim in conspectum venire non audebat, clamat enim, inquiunt post nos:* Elle crie aprés nous, disoient les Disciples, elle nous poursuit: car ils commençoient à s'en aller; loin donc de croire les choses desesperées autant qu'elles le paroissoient; loin de s'abatre, & de s'en retourner, elle devient plus hardie; elle vient droit au Sauveur; *at illa venit:* elle se jette à ses pieds, *procidit ad pedes ejus*, & d'une voix lamentable, elle luy dit : Seigneur ſecourez moy : *Nunc vero rebus deſperatis quando conſentaneum erat ut longius abiret, tunc propius accedit, atque adorat, dicens : Domine, adjuva me.* Que faites-vous, femme importune, continuë ſaint Chryſoſtome, eſperez-vous d'avoir plus de credit & d'accés auprés de Jeſus-Chriſt que les Apôtres mêmes ? *Quid hoc eſt mulier ? Num plus fiduciæ habes quam Apoſtoli ? Num plus virium ?* Croyez-vous pouvoir obtenir ce qui leur eſt refuſé ? Toutes ces difficultez ne l'arreſtent pas. Elle obtiendra tout par l'efficace de ſa priere, à qui rien n'eſt impoſſible, quand on y remarque les vertus que la Cananée fit éclater dans la ſienne, & qu'on ne ſçauroit trop admirer : Les voicy.

La ferveur : Elle ne prie pas ſeulement, elle crie, *clamavit, dicens ei : Miſerere mei, Fili David :* Elle imite le Prophete qui diſoit, lorſque j'étois dans la tribulation j'ai crié au Seigneur, & il m'a exaucé.

La Religion ; elle ſe proſterne aux pieds de Jeſus-Chriſt, elle l'adore, elle attend tout de luy ; *Procidit ad pedes ejus, & adoravit eum dicens : Domine, adjuva me.*

L'humilité, elle ſe met au rang des chiens, qui ſe contentent des miettes qui tombent de la table de leurs maiſtres, *etiam Domine nam & catelli edunt de micis quę cadunt de menſa Dominorum ſuorum ;* elle prétend même tacitement tirer avantage de ce reproche humiliant, car enfin les petits chięns du maiſtre ne ſont pas tout à fait étrangers à la maiſon, ce ſont des eſpeces de domeſtiques, ainſi qu'obſerve ſaint Chryſoſtome, *nam & ſi canis ſum, inquit, non tamen pe-*

nitus aliena sum. Pourquoi donc, disoit-elle, m'exclure des alimens qu'on ne refuse pas aux chiens? *Non enim omnino ipsa prohibeor, sed potius hac ratione participare debeo.* Elle ne porte point d'envie aux Juifs que Jesus-Christ appelle ici les enfans, elle ne leur dispute point cette qualité glorieuse, au contraire elle les appelle ses Seigneurs, *nam cum Dominus Judæos filios vocavit, illa Dominos.*

L'accablement où elle est de son état malheureux, elle se croit plus digne de pitié par la compassion qu'elle a de sa fille, que sa fille ne l'est par la vexation que luy fait souffrir le démon; aussi ne dit-elle pas ayez pitié de ma fille, mais ayez pitié de moy, *non dixit miserere filiæ, sed miserere mei.*

La foy, elle connoist la distinction des deux peuples, des Juifs & des Gentils; elle regarde les Juifs comme les enfans de Dieu, & les Idolatres, comme des chiens; elle penetre les secrets de la mission de Jesus-Christ, qu'elle avoüe n'estre envoyé qu'aux Israëlites, & non aux Gentils, du moins encore; mystere caché qu'elle comprit dans ces paroles énigmatiques du Sauveur; qu'il ne faut pas prendre le pain des enfans pour le donner aux chiens; car elle répondit qu'il étoit vrai, mais que les petits chiens reçoivent les miettes qui tombent de la table de leur maistre, c'est à-dire, que les Gentils pouvoient bien recueillir quelques restes de graces qu'il répandoit avec tant de profusion sur les Juifs; sans que cela repugnât à sa mission: ce que les Apôtres ne comprenoient pas, & ne sçavoient pas encore, cette femme éclairée l'entend & le penſe déja, dit ſaint Chryſoſtome : *Diſcipuli illo adhuc tempore myſteria Domini neſciebant*, elle répond au ſens caché du Fils de Dieu. Quelle abondance de lumieres !

La confiance, Elle eſpere que Jeſus-Chriſt guérira ſa fille poſſedée, quoy qu'abſente, & ſans la voir, ſans luy parler, ſans aucune benediction exterieure ; ſans aucun ſigne ſenſible ; mais par un ſeul acte de ſa volonté. Ah Seigneur, diſoit ſaint Auguſtin dans une ſemblable occaſion, quelles ſont les prieres de vos ſerviteurs que vous exaucez, ſi vous n'exaucez pas celles-là ? *Quas preces ſervorum tuorum exaudis, ſi has non audis ?*

La charité, c'eſt pour ſa fille que cette mere deſolée implore la miſericorde du ſouverain Medecin, *filia mea male à dæmonio vexatur* : & pour ſa fille qui ne peut elle même venir le prier.

La perſeverance ; ô femme incomparable, continuë ſaint Chryſoſtome, vous n'avez point vû de morts reſſuſcitez, ni de lepreux purifiez, *non vidiſti mortuum ſuſcitatum, nec leproſum mundatum* : Vous n'avez point lû les Prophetes, ni medité la Loy, ni contemplé les mers obéir à la voix de J. C. *nec Prophetas audiſti, nec Legem meditata es, neque mare ſcindi vidiſti* ; toutes ces merveilles vous ſont inconnuës, *nihil horum contemplata es*. De plus on vous mépriſe, on vous rejette, & cependant vous ne vous rebutez pas, & vous perſeverez dans la priere, *inſuper & deſpecta es, & contempta es, & non receſſiſti, ſed perſeveraſti petendo.*

Hom 17. de Canan.

Ibid.

Aprés cela faut-il eſtre ſurpris ſi elle obtient ce

qu'elle demande : obstinée, pour s'exprimer ainsi, à ne point se relâcher dans la pieuse poursuite qu'elle en fait, dit saint Ambroise : *Pertinax in precibus* : Prudente à donner des réponses spirituelles & engageantes, *sapiens in responsis* ; pleine de foy dans ses discours religieux, *fidelis in verbis* ; elle arrête le Sauveur qui s'en alloit : *Preteruntem revocat* ; elle parle à celui qui ne luy repond rien ; *tacentem rogat* : Elle adore celui qui la rejette ; *excusantem adorat* : elle entraîne celui qui luy resiste, *negantem inclinat* : elle extorque ce qu'on lui refuse, elle ravit ce qu'on destinoit à d'autres ; *Nonne tibi videtur eripere cum elicit quod negatur, praeripere quod aliis reservatur.* Enfin elle consent qu'on ne donne pas le pain des enfans aux chiens, mais elle cesse d'estre un de ces animaux immondes, & la foy jointe à la priere la transforme d'un chien en un enfant de Dieu, dit saint Augustin ; *canis accesserat, sed pulsando, homo factus est ex cane* : ou comme parle saint Chrysostome, *ex abjecta conditione canum vindicata, filia facta est.* Dans ce nouveau genre de combat ce n'étoit plus la creature qui resistoit au Createur, c'étoit le Createur qui resistoit à la Creature : ce ne fut pas Jesus-Christ qui triompha de la volonté de la Cananée, ce fut la Cananée qui triompha de la volonté de Jesus-Christ, ce ne fut plus le pouvoir absolu de Jesus-Christ qui opera un miracle, ce fut la foy toute-puissante de la Cananée qui delivra la fille du démon : A peine achevoit-elle de parler que le démon estoit sorti, *tanta fuit imperantis authoritas, ut in egressu sermonis fugaretur infirmitas.* Jesus-

L. 5. in Luc n. 113. p. 1383.

De Temp. Ser. 74.

Ibid. supra.

Ibid. S. Chrys.

Chriſt ne commande pas icy, il ne dit pas avec autorité, que votre fille ſoit guérie; mais qu'il ſoit fait comme vous le voulez: *Non dixit ſanetur filia tua, ſed fiat ſicut vis*, vous-même gueriſſez-là, *tu, inquit, eam cura*; ſoyez ſon medecin vous-même, je mets le remede entre vos mains, faites-en vous-même l'application: *Eſto medicus, tibi committo medicamentum ut imponas ei:* que ce que vous voulez ſoit fait, c'eſt votre volonté qui la guerira, *fiat tibi ſicut vis, voluntas tua curat eam.* C'eſt la Cananée qui guérit ſa fille par ſa ſeule volonté, & non Jeſus-Chriſt qui la guérit par ſon autorité: *Cananæa voluntate curavit, Chriſtus à ſemetipſo non curat*: & ce qui eſt plus ſurprenant, c'eſt que cette femme ne commande point que ſa fille ſoit guérie, elle n'ordonne point au démon de ſe retirer, ſa ſeule volonté tient lieu de tout, guérit ſa fille, & chaſſe le démon; *Neque juſſit mulier, neque imperat dæmoni, ſed ſola mulieris voluntas curavit filiam, dæmonemque fugavit:* elle ne guérit pas ſa fille aprés eſtre revenuë à la maiſon, mais ſa fille fut guérie lorſque la mere étoit encore au lieu où le Seigneur luy dit: Qu'il ſoit fait comme vous le voulez: *Et ſanata eſt inquit, filia ejus ex illâ horâ: ex qua hora? non ex qua venit mater ejus domi, ſed ex qua Domini ſermo proceſſit.* Combien donc la foy de cette femme fut-elle grande! O *mulier magna eſt fides tua*! lui dit le Sauveur, combien votre foy eſt-elle grande & forte, puiſque vous croyez ſans douter, ſans heſiter, ſans differer, & que vous profeſſez votre foy hautement & ſans crainte! Quelle eſt ſublime, puiſqu'elle vous éclaire ſur ma perſonne; sur ma mission; sur ma qualité de Messie; sur mon pouvoir; sur l'état du peuple Juif & du peuple Gentil: Qu'elle est féconde, puisqu'elle produit en vous la priere, l'humilité, la confiance, la modestie, la ferveur, la prudence, la perseverance! qu'elle est efficace, puisqu'elle vous fait renoncer en un moment à vos erreurs, à vos superstitions, à votre peuple, pour vous agreger aux vrais Israëlites, & vous mettre au rang des enfans de Dieu! *O mulier magna est fides tua, fiat tibi sicut vis propter hunc sermonem, vade, exiit dæmonium à filia tua: & sanata est filia ejus ex illa hora, & cum abiisset domum suam invenit puellam jacentem supra lectum, & dæmonium exiisse.*

Au reste comme la Cananée sortie de la Gentilité n'étoit que la figure de l'Eglise, selon saint Augustin, *Cananæa de Gentibus veniebat, & typum, hoc est figuram, Ecclesiæ gerebat*, & que sa fille possedée étoit aussi l'image des ames tourmentées par le démon, selon saint Jerôme, *ego filiam Chananeæ puto animas esse credentium, quæ male à demonio vexabantur*: On peut dire aussi que l'excellente priere de cette mere affligée, fut une representation édifiante du don d'oraison, & de l'esprit de priere qui devoit se répandre dans l'Eglise des Nations: Il est bon de rapporter ici un exemple d'une autre femme, qui doit même faire rougir les hommes nonchalans, & que saint Gregoire le Grand parfaitement instruit de cette histoire voulut bien prêcher à son peuple, & raconter une seconde fois dans l'un de ses autres Ouvrages: Voici les termes de ce grand Pontife.

Ser. 74. de Temp.

Hie.

Hom. 38. 4. dia. 16.

MON

MON pere avoit trois ſœurs, qui toutes trois eurent la gloire de voüer à Dieu leur virginité : l'une s'appelloit *Tharſile*, l'autre Gordienne, & la troiſiéme Emiliene : Elles renoncerent au monde d'un même zele ; elles furent conſacrées à Dieu dans un même jour ; & elles ſe retirerent en une même maiſon pour y vivre ſous l'obſervance reguliere : perſeverant ainſi dans l'exercice d'une vie toute ſainte, Tharſile & Emilienne croiſſoient de jour en jour en l'amour du Createur : leur corps ſeul étoit ſur terre, & leur eſprit au Ciel, ſans ceſſe occupé des biens éternels : *Et cum ſolo hic eſſent corpore, quotidie animo ad æterna tranſire.* Gordienne au contraire ſe ralentiſſoit peu à peu de ſa premiere ferveur, & reprenoit inſenſiblement le gouſt du monde. Tharſile voyoit avec douleur ce relâchement, & diſoit ſouvent en gemiſſant à ſa ſœur Emilienne : Ma ſœur, je vois avec bien du regret que notre ſœur Gordienne n'eſt plus des nôtres : car j'obſerve qu'elle ſe répand au dehors, & qu'elle ſe dément de ſes premieres reſolutions : *Perpendo enim quia foras defluit, & cor ad quod propoſuit non cuſtodit.* Ces deux pieuſes ſœurs la reprenoient donc frequemment avec douceur & charité, & l'exhortoient de ne pas ſe laiſſer aller à ces legeretez, & de conſerver la gravité convenable à ſon habit & à ſa profeſſion. Gordienne paroiſſoit prendre en bonne part leurs corrections, & rentrer en elle-même, mais un moment aprés elle quittoit ſon ſerieux apparent, & ſe laiſſoit aller à ſon babil ordinaire : *Moxque ad levia verba transibat.* Elle ne se plaisoit que dans la compagnie des filles seculieres, *puellarum gaudebat societate laicarum* ; tout autre entretien que celui des personnes mondaines luy étoit à charge, *eique persona valde onerosa erat quæcumque huic mundo dedita non erat.* Or il arriva que Tharsile ma tante, qui reluisoit entre les autres sœurs par son application continuelle à l'oraison; par son amour pour la mortification ; par son abstinence singuliere; par la gravité de ses mœurs, & par le haut degré de sainteté où elle étoit parvenuë, *quæ virtute continuæ orationis, afflictionis studiosæ, abstinentiæ singularis, gravitate vitæ venerabilis, in honore & culmine sanctitatis excreverat;* il arriva, dis je, que Tharsile déja si recommandable par sa vertu, & si venerable par sa sagesse, eut une vision : Il luy sembla une nuit, ainsi qu'elle le raconta elle-même, que Felix mon predecesseur dans ce Siege Pontifical de Rome, luy apparut, & luy montra le sejour de l'éternelle clarté, en luy disant : Venez, car je vous reçois dans la demeure de cette lumiere, *veni quia in hac te lucis mansione recipio.* Tharsile fut aussi tôt attaquée de la fiévre, qui la reduisit à l'extremité : Plusieurs personnes vinrent alors, tant pour l'assister dans ce dernier passage, que pour consoler ses parens, ainsi qu'il est ordinaire aux gens de qualité : Sa derniere heure étant donc arrivée, les uns & les autres, entre lesquels ma mere se trouva, entourerent le lit de la moribonde, pour la voir expirer : comme on attendoit ce dernier moment, voila que tout d'un coup Tharsile regardant en haut vit Jeſus-Chriſt venir à elle : Auſſi-tôt elle s'écria d'une voix éclatante, en s'adreſſant aux aſſiſtans, & leur diſant : Retirez-vous, retirez-vous, voilà Jeſus qui vient, *Recedite, recedite, Jeſus venit:* proferant ces paroles, & ayant les yeux attachez ſur celui qu'elle voyoit, cette ſainte ame ſe détacha de ſon corps, & ſur le champ il ſe repandit une ſi merveilleuſe odeur dans ce lieu, qu'un chacun ne douta pas qu'un tel parfum ne fut un ſigne que l'Auteur de toute ſuavité ne fut venu là : *Cumque in eum intenderet quem videbat, ſancta illa anima à carne ſoluta eſt, tantaque ſubito fragrantia miri odoris aſperſa eſt :* Mais quand on vint ſelon la coûtume à laver ſon corps, on luy trouva ſous les genoux & ſous les coudes des duretez épaiſſes comme la peau d'un chameau, qui faiſoient foy de ſa priere aſſiduë, & de ſa poſture religieuſe dans l'oraiſon : *Et quid vivens ejus ſpiritus ſemper egerit caro mortua teſtabatur.* Sa chair morte rendant témoignage à l'eſprit qui l'avoit animé.

Or cecy arriva avant la Feſte de Noël, laquelle étant paſſée, la bienheureuſe Tharſile s'apparut une nuit en viſion à ſa ſœur Emilienne, & lui dit : Venez ma ſœur, afin que ſi j'ay celebré la Nativité du Seigneur ſans vous, je celebre ſon Epiphanie avec vous : A quoy Emilienne répondit : Et que deviendra notre ſœur Gordienne, ſi je la laiſſe ſeule ? A ces mots Tharſile faiſant paroître une mine triſte, répondit, que Gordienne devoit eſtre miſe au rang des filles laïques. La verité de cette viſion parut en ce qu'Emilienne tomba auſſi-tôt malade, & mourut avant l'Epiphanie, & que Gordiene ne dissimulant plus le dessein qu'elle avoit caché, & s'oubliant de toute crainte de Dieu, de toute pudeur, de toute modestie, & de sa consecration au Seigneur, n'eut pas honte de se marier au Fermier de ses terres: *Nam oblita Dominici timoris, oblita pudoris & reverentiæ, oblita consecrationis, conductorem agrorum suorum postmodum maritum duxit.* Ainsi de trois sœurs qui s'étoient données également à Dieu, deux persevererent, & la troisiéme retourna en arriere: que personne ne presume donc de soy même: car si l'on sçait ce qu'on est aujourd'huy, qui peut sçavoir ce qu'on sera demain? *Quia & si quis jam novit hodie qualis sit, adhuc cras quis futurus sit, nescit.*

FIN.

Novembre, 1709.

www.ingramcontent.com/pod-product-compliance
Ingram Content Group UK Ltd.
Pitfield, Milton Keynes, MK11 3LW, UK
UKHW021029180726
13838UKWH00004B/1686